NÉCROLOGIE.

M. le chanoine LE BER.

ORLÉANS,

H. HERLUISON, LIBRAIRE - ÉDITEUR,

rue Jeanne-d'Arc, **17**.

1866.

M. le chanoine LE BER.

Le 31 juillet 1866, on célébrait à la cathédrale, et en grand deuil, les obsèques de M. le chanoine Le Ber. Nous nous faisons un devoir de déposer sur sa tombe et de laisser à son honorable famille, à ses collègues du Chapitre et à ses amis, ces quelques lignes, à titre de souvenir.

Ferdinand-Jacques-Julien-Louis de Gonzague Le Ber naquit à Sully-sur-Loire, le 28 février 1798, d'Ythier Le Ber et d'Olympe Salomon de la Saugerie.

La famille Le Ber appartient à la noblesse du Berry ; elle vint s'établir à Sully et son nom figure dans un acte de 1466. Elle porte d'argent à un chêne de sinople arraché. Au commencement du dix-septième siècle un Jacques Le Ber, grand chantre du chapitre de Sully, était abbé commendataire de Saint-Benoît et de Saint-Maixent, en Poitou, pour le compte du grand Sully, l'ami et le ministre d'Henri IV. Un autre Le Ber (Philibert), bailli de St-Benoît-sur-Loire, est cité parmi ceux qui assistèrent, le 22 juin 1627, à l'installation des religieux de la Congrégation de Saint-Maur. Il était, dans la circonstance, le fondé de pouvoirs du cardinal de Richelieu (ROCHER, *Histoire de l'abbaye de Saint-Benoît*, Orléans 1865). La sépulture des Le Ber se voit encore dans l'église ci-devant collégiale, aujourd'hui paroissiale de Saint-Ythier de Sully.

Dans les manuscrits d'Hubert, dont M. de Vassal a publié la *Table analytique* en 1862 (Orléans, Herluison), les Salomon font partie de la noblesse orléanaise ; leur origine connue remonte au XIVe siècle, et la Saugerie est indiquée comme un des fiefs qu'ils possédaient. En 1778, Guillaume-Anne-Salomon de la Saugerie, avocat, était bailli de la justice de Meung, au nom de l'évêque d'Orléans, seigneur temporel (*Calendrier historique de l'Orléanais*, 1779, Le Gall). Il fut député du tiers aux Etats-Généraux, pour le bailliage d'Orléans. En 1790, Ythier-Edme Le Ber, l'aïeul du chanoine, un des huit électeurs du canton de Sully d'après la législation du temps, devint président du conseil d'administration du district de Gien, fonctions qu'il remplit jusqu'en 1792. Il cessa la même année d'être électeur ; et en son lieu et place nous voyons arriver M. Joseph Beaumarié, père du vénérable chanoine de même nom. M. Le Ber, le père de l'ecclésiastique que nous pleurons, figure, en 1790, comme aide-major dans la garde nationale de Sully qui, sous le commandement de M. de Béthune, se composait alors de cinq compagnies de quatre-vingts hommes chacune (*Etat actuel ecclésiastique, civil et militaire du département,* Couret). En l'an XI il occupait la mairie, qu'il garda sans interruption jusqu'en 1821 ou 1822. Il fut inhumé dans le cimetière de Sigloy.

Ceux de nos lecteurs qui ont eu l'avantage de connaître Mad. Le Ber, et d'apprécier les qualités qui la distinguaient, croiront facilement que l'éducation du jeune Ferdinand, qui sur les fonts du baptême avait aussi reçu le beau nom de Louis de Gonzague, fut solide et chrétienne avant tout.

Bien loin de contrarier la vocation ecclésiastique, qui déjà se révélait en lui, la digne et excellente mère ne négligea rien pour la développer, la fortifier et l'épurer, et c'est pour cette raison qu'on décida que le jeune Le Ber ferait ses études philosophiques et théologiques au séminaire Saint-Sulpice de Paris. Dans cette maison qu'on peut appeler le premier séminaire de France, il se rencontra avec des sujets très-capables, qui pour la plupart parvinrent à l'épiscopat, et restèrent fidèles à l'amitié que, de bonne heure, ils avaient vouée à leur pieux condisciple.

M. l'abbé Le Ber, reçut la prêtrise le 28 mai 1823, à Paris. Quelques jours auparavant, il assistait, dans la chapelle d'Issy, au sacre de Mgr Jean Brumauld de Beauregard, ci-devant évêque nommé de Montauban, récemment promu à l'évêché d'Orléans, vacant par la mort de Mgr de Varicourt. Le diacre orléanais avait été présenté au vieillard courageux qui, malgré ses soixante-quatorze ans, allait prendre sur ses épaules le redoutable fardeau de l'épiscopat; cette circonstance fit sa fortune. En effet le jeune prêtre devint secrétaire particulier du nouvel évêque, et, dès le 15 octobre de la même année, il était nommé chanoine honoraire.

En 1825, il y eut un emploi vacant au vicariat de Saint-Paul, par suite de la nomination à la cure de Saint-Vincent de M. l'abbé Huet. Mgr de Beauregard s'empressa de donner ce poste de faveur à M. Le Ber qui eut ainsi l'avantage de faire ses premiers essais dans le saint ministère sous la direction d'un homme de grande expérience, M. l'abbé Dubois, et dans la société de MM. Faucheux et Parisis, dont nous avons parlé nous-même assez souvent pour être dispensé d'en répéter l'éloge. La vérité est que ce ne fut pas sans peine que le jeune vicaire surmonta sa timidité; dans les premiers temps surtout, la chaire fut son épouvantail et quelquefois son écueil. A la longue, il acquit de l'aplomb; jamais néanmoins il n'a voulu se fier à l'abondance de son cœur, il eût cru manquer de respect à la parole évangélique.

A la fin de l'année 1831, M. l'abbé Mareschal, curé de Notre-Dame-de-Recouvrance, rendit son âme à Dieu. M. Le Ber lui succéda. Presque aussitôt il lui fallut traverser la grande épreuve du choléra, durant laquelle son zèle et son courage ne se démentirent pas un seul instant. Trois ans après, il passait à la cure de Gien, vacante par la promotion de M. l'abbé Parisis à l'évêché de Langres. M. Le Ber gouverna la paroisse de Gien jusqu'en 1845. Mieux qu'un autre nous pourrions dire le bien qu'il y a fait, puisque nous avons eu l'honneur d'entrer dans ses travaux et de cultiver le même sol. Tout se résume en deux mots: vie et sollicitude exemplaires. Le digne ecclésiastique n'eût certainement pas quitté sa chère paroisse, s'il n'y eût été contraint par le mauvais état de sa santé. En 1845, lorsqu'il prit possession du canonicat, il était tellement exténué qu'on jugeait sa guérison impossible. Heureusement pour notre Église et pour les âmes qu'il devait encore diriger, sa situation s'améliora.

En 1846, après l'inondation du 25 octobre, M. Le Ber fit partie de la commission diocésaine préposée à la répartition des secours; il apporta dans ses fonctions l'esprit d'ordre qui le caractérisait. MM. les curés de l'arrondissement de Gien, en particulier, n'eurent qu'à se louer des rapports qu'ils renouèrent dans cette circonstance avec leur ancien doyen rural. Plus tard, en 1850, M. le chanoine Le Ber partagea les travaux de la commission chargée de rédiger le Propre des saints du diocèse et de préparer les voies au rétablissement de la liturgie romaine; il désirait sincèrement voir cette œuvre s'accomplir.

M. Le Ber a rempli pendant plusieurs années les fonctions de supérieur des Dames de la Visitation. Chaque semaine, il donnait un temps considérable à la direction des sœurs hospitalières et institutrices. Toute l'année, il disait la messe de six heures du matin à la cathédrale, et quant à l'office du chœur son exactitude devenait de la ponctualité.

Il a été longtemps secrétaire du Chapitre; en dernier lieu il était trésorier et grand-chantre. Il devait en outre à l'amitié de Mgr Parisis le titre honoraire de chanoine de Langres. Sa piété, sa politesse, son affabilité, la tenue de sa personne, tout contribuait à faire de lui comme un type de l'ecclésiastique orléanais, ce qui n'excluait point une certaine fermeté, comme il l'a prouvé lors des difficultés capitulaires de 1855.

Au milieu du mois de mai, M. le chanoine Le Ber sentit ses forces s'affaiblir, l'estomac refusant à peu près toute nourriture. Néanmoins, vers la fin du mois de juin il reparut au chœur, et il se crut assez fort pour aller aux Sables-d'Olonne (Vendée) respirer seulement l'air de la mer. En effet, il arrivait aux Sables le mercredi 11 juillet; il descendit à l'hôpital, où des chambres sont disposées pour les étrangers durant la saison des bains. Le samedi suivant, il eut un commencement de dyssenterie qui finit par prendre un caractère inquiétant. Il apprit cette nouvelle avec une sérénité parfaite; il demanda et il reçut les sacrements. Voici un détail qui a son intérêt. On avait mis à la disposition du malade la coiffure dont on fait usage dans la maison et qui semblait plus commode. Lorsqu'on vit la position s'aggraver, les bonnes sœurs de la Sagesse, qui desservent l'hospice des Sables, voulurent à cette coiffure en substituer une autre lui appartenant. — Non, ma sœur, répondit l'humble prêtre, laissez-moi mourir avec le bonnet des pauvres! — Enfin, à sa dernière heure, il donna sa bénédiction à toutes les personnes présentes, pour elles, pour sa famille, pour ses collègues du Chapitre et pour tout le clergé du diocèse d'Orléans. C'était le samedi 28 juillet; et le 31, dans la matinée, sa dépouille mortelle, accompagnée de M. l'abbé Rousseau, un des vicaires des Sables-d'Olonne, entrait dans notre cathédrale.

M. le chanoine Le Ber laisse plusieurs sœurs et un frère, le docteur Le Ber, médecin en chef de la maison centrale de Fontevrault; un autre frère est décédé en 1850 conseiller à la Cour d'appel d'Orléans.

Il existe un portrait de M. l'abbé Le Ber, dessiné par Belliard et lithographié par Grégoire et Deneux, à Paris, rue de l'Abbaye. On le trouvait chez notre intelligent éditeur orléanais, M. Alphonse Gatineau; il est épuisé. Ce portrait a dû être publié au plus tard en 1842, car on donne à M. Le Ber la qualité de doyen rural, titre qui a été supprimé sous l'administration de Mgr Fayet, en 1843.

Une famille Le Ber est connue en Normandie. Un Jacques Le Ber, provenant de cette branche, se rendit au Canada, s'y maria et donna le jour à une fille nommée Jeanne qui prit le voile chez les sœurs de la congrégation de Notre-Dame et mourut en odeur de sainteté, le 3 octobre 1714, à Ville-Marie. La vie de Jeanne Le Ber, imprimée dès 1721, a été écrite de nouveau et publiée à Ville-Marie, en 1860, sous ce titre: *l'Héroïne chrétienne* du *Canada ou vie de Mlle Le Ber*, Montréal, imprimerie de John Lovell, in-8°. Enfin, en 1789, dans le chapitre métropolitain de Rouen, il y avait un Le Ber ; et depuis 1802, parmi les chanoines du même chapitre, nous trouvons encore ce nom. (Fallue, *Histoire politique et religieuse de l'Eglise métropolitaine et du diocèse de Rouen* ; Rouen, Le Brument, 1850). Nous supposons que les Le Ber, de Sully, et ceux de Normandie ont une origine commune, mais la séparation des deux branches remonte à deux siècles et demi au moins.

Victor PELLETIER,

Chanoine de l'Eglise d'Orléans.

Orléans. — Imp. d'Émile Puget et Cie

www.ingramcontent.com/pod-product-compliance
Lightning Source LLC
Chambersburg PA
CBHW061626040426
42450CB00010B/2685